새 물결로 흐르는 한강

지성 · 감성의 메타언어
조선문학시인선 · 290

새 물결로 흐르는 한강

박 성 채 시집

조선문학사

■ 시인의 말

시인의 마을에서

나룻배에
늦동이들 태우고
세 번째의 강을 건너 간다

미흡(未洽)의 언덕을 못 벗어
험하고 먼 수도(修道)의 길은
눈 바람과 거친 파도만 일고

불러도 응답없는 경계령에서
미달의 함량으로
미숙의 낙과로
시집을 보내는 어미

강변에서 큰스님 뵙고

해 저무는 이정(里程)에
등 밝히라는 말씀 새기며
다시 시작하는 산승(山僧)으로
산을 넘어 간다

출판에 협조해주신 박진환 교수님께
진심으로 감사드립니다

2011년 辛卯 初春
고택(古宅)에서 박성채

제2부 / 수행(修行) 시편

제3부 / 산향(山鄕)

제4부 / 봄비 내리면

제5부 / 시집평설

제1부

역사의 현장을 찾아서

조국(祖國) · 1

님 보다 더한 스승은 없다

무명이 낳은 어리석음
다 끌어 안아 허공에 띄우고
조상으로부터 유구로 이어온 성업(聖業)
거울이 되어 보여주는 믿음의 표상
사랑의 대 요람이거니

우리 5천의 파고를 타고 넘어온 항해의 역사는
피어린 난파의 수난기(受難記)

은둔에서 격동으로 치닫던
태풍 속의 태풍을 슬기로이 헤치며
가르며 건너온 겨레가 아니던가

대장을 여는 역사의 축성(築城)이 끝나고
기치 나부끼던 날
신(神)도 멀찍이 서서 놀라는 말씀은
님 보다 더한 예술은 없다고.

조국(祖國) · 2

당신은 청명한 하늘
잘난이 못난이 함께 안고 가는
성모의 품안

소망은
영웅이 아니어도 좋다
제몫을 다하는 풀꽃이 아름다운 것

어떻게 지켜온 국토 이었던가
그때
산이 산이던가, 강이 강이던가
피어린 절규가 아직도 배어 있거늘

상처 입은 들녘의 신음은
어버이의 쓰린 가슴
가을 빛에 타버린 황량이 오기 전에
냇물에 띄워야 하리

청운(靑雲)을 파 먹는 우환

어찌 빈곤 뿐이랴
낡은 역사가 그려놓은 영욕의 청사진은
다 태워 버리고
새 시대를 여는 명화를 그려 걸어야 하리

조국(祖國)·3

예전엔
한 조상의 혈족(血族)만이
부를 수 있는 모택(母宅)이었다

국제화의 오늘
혈손들만을 고집할 수 있으랴
물밀 듯 들어오는 귀화(歸化)의 물결
너그러이 문을 열었을 때
세계일화(世界一花)의 꿈 이루고
국력은 한걸음 앞서 가고

고택(古宅)에는 오직 한분 뿐인 어머님
그 곁으로 찾아가는 귀향길은
정겨움이 있는 노정(路程)

붕정만리(鵬程萬里)
어디를 가도 먼저 바라보는 향방은
님 계신 곳
지켜온 누대의 수성(守城)이요
이어온 만계(萬系)의 산천이었기에

역사의 강변에서

여기는
겨울이 없는
상록의 수목원(樹木園)

나이테에 새겨진
세월의 잔영(殘影)은
항전의 자국 새긴
한 시대 숙명의 표정

태평양 전쟁과 한국 전쟁과
월남파병으로
고귀한 젊음을
희생자로 살아온 난세의 생애
조국에 바친 불우했던 영웅들의 명운(命運)

이제야 그 충절이 씨앗 되어
역사의 강변에 천년수로 뿌리 내리고
평화의 꽃 피우며
맑은 강물의 청사(靑史)로 찬연히 흐르고 있다

한류

바다건너 중국으로 일본으로
순풍 타고 다시 동남아로
아카데미즘이 아니어도 좋다

선진 예의 향 짙게 뿌리며
희비의 강을 건너
환성으로 활화산에 오른 노도의 물결
효자라고 이름지어 주마

거침없이 대문 두들기고 들어가면
환열의 열풍으로 불타는 신들의 광장

이 땅의 숨은 순수
길이 새물결에 가득 띄워
더 먼 대륙을 향해 뜨겁게 굽이쳐 흐르거라

어려운 이 시대를 빛내며
한 몫을 다한 젊음아
새 바람아

백두대간의 탄식

바람과 파도를 안고 살아온
배달에게 개안의 눈높이 산맥으로 뻗쳐
늘 멀리 보며 살라 했다
유구에서
겸허한 승자이길 바랐던 것과는 달리
잦은 힘겨운 패배의 비운을
숙명처럼 달래며 살아왔고
그때마다 슬픔과 함께 울음을 삼켜야 했다

백두에서 한라로
줄기차게 뻗어 내린 정기는
역사의 정맥이자 우리의 기상
휴전선에 묶여 불구로 우는 태백의 흐느낌과
미풍에도 계곡의 물결을 타고
내리는 저 탄식, 이보다 더한 아픔이
지구 어디에 또 있겠는가
숙한의 못으로 박힌 철조망과 함께
아픔의 가슴들, 빨갛게 녹슬어 가는데

이충무공(李忠武公)의 상(像)

님은
1968년 4월 27일
겨레의 염원으로
세종로에 환생(還生)하여 오셨습니다

키 높이 18미터
칼을 들고 고국산천을
굽어 보아야 하기에

외줄기 우국충정(憂國衷情)으로
눈 비 맞으며
서 계시는 당신 앞에
높은 뜻 기리며
우러러 두손을 모읍니다

이제 세종로는
장군의 넋이 서린 성지(聖地)
"강성(强盛)으로 나라 보전 하라"는 말씀
은연히 메아리로 들으며
가슴으로 성웅(聖雄)의 뜻 함께 기립니다

북한산(北漢山)

북풍을
가로 막는 병풍자락
신방 같은 산세에 업혀
휘파람새 어르는 등성을 따라 걷는
깊은 산성길

산정을 넘어오는
영욕(榮辱)도 회한(悔恨)도
다 벗어버린 채 태고의 숨소리로
불어 오는 바람

비바람에 닦인
봉우리 삼형제는
아직도 못다 푼 춘정(春情)
노을로 붉히는데

원색의 물결로
흐르는 계곡의 물소리가
태고사(太古寺) 쇠북소리를
몰래 실어 나른다

독도(獨島) · 1

파도에 갇힌
고도(孤島)가 아닌
바다를 다스리는 영주(領主)
독도는 섬이 아니다

날마다 밀려오는
민족혼 파도삼아 앞세우고
국토를 지키는
영해(領海)의 전초기지(前哨基地)
사령부

섬것들 혈통 탓인지
섬만 보면 침흘리는 왜구(倭寇)

독도는 조국의 이름으로
왜구를 지키는
영해(領海)의 전초기지다

독도(獨島) · 2

짙게 얼룩진 기구(崎嶇)
바람 따른 파도의 광무는
끊임 없고
그 속에서 파랗게 돋아난
한 서린 서기(瑞氣)가
수전(水戰)의 명장을 만들어 놓았던가

창파의 함성으로 자란 고도(孤島)
냉엄한 인과(因果)의 율로
비련의 주역이 되었는가
눈물도 울음도 벌써
다 잊어버린 생애

풍랑
그냥 그대로 두어라
방파의 울분이 다하면 돌아가리라
마음껏 두들기로 부수는 일과로
사념(邪念)도 무명(無明)도
함께 흩어져 가고 나면
멀리 조국 산천이 보이리라

독도(獨島)·3

쪽발이들은
얕보지 말거라
이래뵈도 조국을 지키는
지킴이 철옹성이란다

외롭지 않으냐고?
천만에
비록 절해(絶海)에 떠 있어
사나운 파도 밀려와도
자장가 삼아 달랠줄도 알고
외풍(外風) 아닌 왜풍(倭風)에도
까딱 않는 조국 지킴이
철옹성이 란다

더 이상
부여하는 의미는 무의미 하다
오직 살아있는 의미 하나
독도는 우리땅
우리땅 지킴이의
철옹성이란다

운현궁

구름재에
홀로 서 있는 허리 굽은
한그루 노송 그늘에 서면
들리나니
“어찌 내가 천주의 자손
8천의 대를 보고 병인양요를 불렀을까?”
탄식의 소리

설한백년(雪恨百年)
아직 남은 인과(因果)는
몇 번을 더 환생해야
벗어 날 수 있을지

그 격랑(激浪) 앞에서
조금만 더 어진 풍운을 깔았으면
백의(白衣)의 존망이
흔들리지는 않았을 것을

궁 뜰에서 거송의
나직한 흐느낌이 들린다

약초원(藥草園) · 1

– 허준 박물관

뒷동산은
구암(龜岩)의 요람

의성(醫聖)의 터에서
맑은 풍광으로 자라
현묘로이 길을 여는 약초들

새벽 이슬 내리는 탑산 기슭에서
한강을 안고
북한산 우러른 정기로
님의 뜻 기리며, 새기며
영약(靈藥)으로 자라는 초록 구릉(丘陵)

물소리 새소리 곁들이면
자미원(紫薇垣) 같은 작은 도원(桃源)
봄비로 내려온 약사여래가
꽃향기에 취해
산정에 서서 시향으로
중원(中原)의 도연명을 부른다

약초원(藥草園) · 2

– 허준 박물관

봄이면
꽃들이 모두 일어나
환호를 이룬다
"나좀 보고 가라"고
달려와 안기며 아우성 치는
공암(孔岩)재 숲

"그래 그래"
눈도장 찍어 주고
화사한 가희(佳姬)들 앞에 선
운객(雲客)이 되어 본다

강변
산정의 향연은
약풍(藥風)으로 즐기는
노을빛 선유(仙遊)

작약(芍藥) · 3

– 허준 박물관 약초원에서

초조한 서투름도
풀려 느슨함도 아닌
제철 맞아 때맞춰
찾아오는 정인(情人)

하얀 선희(仙姬)로 잠시 몸풀다가
휘파람새 오기전에
거두고 떠나는 꽃길

모란과 함께 즐기는 밀애로
입술과 입술로 건네는
도란대는 소담(素談) 엿듣기 부끄러워선지
봄은 저만치 물러서고

선단(仙丹)의 자존으로 감춘 약내음
효험으로 약발서면
멈췄던 핏줄에도 피가 돈다

다산(茶山)

– 정약용 선생님

강은
한낮에도 홍수로 흐르고
건너야할 나룻배는 없었다

당신의 목선(木船)이
실학이란 이름으로 찾아 왔지만
나룻터의 문은 굳게 닫힌체
열리지 않았다

숭유(崇儒)의 큰 물결 앞에서
경세(經世)의 잔물결은 부서지고
한 걸음만 비껴 갔으면
왕조의 비운도 막았을 것을

수구세의 한풍(寒風)에
스러져 버린 청산의 울타리
슬픈 역사의 재물로
잘못된 왕정의 잔해(殘骸)로 지워져간
당신의 발자취

백마강 · 1

던진 백마의 미끼를
용(龍)은 물지 않았다

당장(唐將) 소정방(蘇定方)은
백제의 옹성 사비성을 함락했으나
백제인의 넋은 건져 가지 못했다

망국의 회한(悔恨)
천년 세월이 헹구어 가도
씻어내지 못한 악전(惡戰)의 형해(形骸)
달빛만이 한 곡조의
피리 소리를 풀어 강물에 띄우고 있었다

그 소리에 몸 섞은
한밤의 벽강(碧江)은
회고(懷古)에 몸부림치며
소리 없는 흐느낌으로 흘렀다

백마강 · 2

하루 밤에 400년 사직(社稷)을
송두리째 빼앗겨 버린
눈먼 왕조(王朝)는
강변에 엎드려 통한을 토했다

패주(敗主) 의자왕이
당(唐)으로 끌려 가는 날
부소산도, 금강도, 땅을 치며 울었고
백마강은 눈물이 되어 흘렀다

밤이슬이
낙화암을 적시는 삼경(三更)이면
못다핀 삼천백련(三千白蓮)의 혼백이
꽃잎 되어 강물에 떠 흘렀다

역사는 흥망성쇠를 안고 흐르는 장강(長江)
백마강은
오늘도 비곡의 슬픈 여울로
잔잔히 흐른다

비운의 능(陵)

– 장능

청령포에
달빛 내리면
님은 뒷산 망향대에 올라
돌무덤에 막돌 하나 올려 놓고
두손 모아 안후(安候)를 물으시며
한양의 왕비를 불렀다

유배의 땅
육육봉에서 한밤의 만남은
영혼과 영혼의 해후(邂逅)

말없이 오신 님
침묵으로 보내드리는 석별의 가슴

관음송(觀音松)에 달 열리면
동강의 물소리는
더 곱게 자장가로 다가와
잠 재워 드리고
꿈길 따라 찾아 가시는 곳은
늘 폐비(廢妃)의 곁이었다

까치산 · 1

별고을에
홀로 솟아 숲을 이루고
산까치를 불러온 산

길상(吉祥)이면
새벽에 날아와 우짖음 작명이 되어
까치산으로 정명(定名) 했다

화곡동의 상징이요
귀동이의 지저귐이라
강서와 양천의 아호로 데려도 가고

유구로 이어온 북풍받이 재
옥토의 풍요를 일궈
넉넉한 가슴에 올곧은 성품을 심어주고
반가이 손을 내미는 그 오솔길

까치산·2

내가 사는 우거(寓居)는 화곡동
까치가 우는 산기슭

이사 올때는
서울의 변두리 신세 못면했는데
도심이 되어버린
30년 세월

이제는 고향이 되어
더는 옮겨가고 싶지 않은데
한번 더 넘어야할 노정을
앞에 하고 있으니 어찌 하리

이름이 예쁜 너
마음도 착해
너와의 석별이 아쉬워
다시 한번 뒤돌아 본다

섬진강

동서(東西)의 냇물이
서로 만나
반가워 몸을 섞는다

깊은산 계곡
발원지(發源地)는 다르지만
한 젖줄에, 성도 이름도 같아
어디서 왔느냐고
묻지도 않는다

다만
낮은데 골라 밟으며
밀월 5백리 길을
길동무 하며 흐른다

너와 내가 우리가 되고
하나임을 일깨워준
강의 법도 좇으며
가닿을 남해를 그려본다

새 물결로 흐르는 한강

천지가 처음 열린 이후
얼마나 많은 혈전(血戰)으로 국토를 지켜 왔던가

악전(惡戰)에 성곽은 무너지고
폭풍으로 말려온 국난의 파란(波瀾)
모두를 슬기와 충절(忠節)로 밟고 넘어
여기 민주의 성(聖)화(火)를 피워낸 대영웅(大英雄)

헐벗고 굶주렸던 참극 앞에서
그대의 힘찬 저력은, 그때 그때마다
강산을 치고 일어섰다
지울 수 없는 그 충정(忠貞)에
우리 함께 또 울고 웃고 않았던가

이제는 그 가난했던 멍에를 벗고
자애한 모상(母像)으로
근엄한 부상(父像)으로
선진의 표상(表像)으로
오늘을 앞서 가는 명강(名江)답게 유유히 흘러야 한다

한강

수려 강변의 꽃길
기적이라고, 천혜라고 했다
드센 근대화의 물결이
거룩한 땀과 피의 소산(所産)임을
벌써 잊었을까

강의 철학은
도도히 흐르는 일
막히고 넘치면 휘돌아 가야한다
그날들의 피어린 물굽이 아니던가

백년을 목놓아 울어도
못다푼 수난(受難)의 한(恨)

춘추 6백의 수도
그 젖줄로 새기원의 서막(序幕)을
열어주기 위하여
기쁨도 슬픔도 다 삼키고
다시, 의연히 흐르고 있다

새만금 · 1

광쾌(廣快)한 육지의 조성이다
19년의 염열(炎熱)이 화염으로 이룬
서해안의 개벽이다

신중한 설계대로
차곡 차곡 첨단의 기술로
바다를 막았다

내부 공사가 끝나면 모습을 드러낼
지상 최고의 이상 도시
우리 새로운 능력을 만방에 과시한
장거(莊擧)는 눈부셨다

무서운 웅지 앞에, 부서지는 시비
위대한 탄생으로 펼쳐질
우리의 앞날은 밝다

새만금 · 2

바다의 모진 외고집을
끝내 꺾어버린 장도(壯途)에서
첫 함성이 메아리 쳤다

긴긴 세월 승천을 기다리며 살아온 잠용(潛龍)이
육용(陸龍)으로 돌아와 자리를 굳히고

시작부터 준공까지
열아홉 해의 별과 무서리 지나가고
피멍으로 얼룩진 물막이 싸움
드디어 세계 최장의 수상(水上) 만리장성을
우리의 기술이 이끌어 냈다

그러나 아직도 가야할 먼 노정(路程)엔
사나운 역풍이
싸늘한 눈빛으로 기다리고 있다
그 악연 다시 한번 처절히 부서지는 신비를
천하에 보여 주어야 한다

천안함 그 이후

허기져 뼈만 남은 늑대들
다시는 넘볼 수 없게
썩은 목책(木柵) 밀어버리고
강철책으로 돌려 세워야 한다

망나니의
망설을 믿는 나라 없고
돌아보는 이 또한 없다

폭침(爆枕) 이후, 무엇을 얻었는가
세계가, 눈먼 폭한(暴漢)에게
던져준 흉장(凶章)은
언제 달고, 어디에 나설 것인가

끝을 모르는 우매(愚昧)의 무덤길에서
눈이 있어도 눈이 아니고
생각이 있어도 생각이 아닌
우치(愚痴)의 사고(思考)를 본다
우환을 즐기며 쾌재를 부르는
그 오만과 잔인, 얼마나 갈까

혈육상봉(血肉相逢)

– 이산가족

기다림에 지친 부모님은
하늘에 가시고
형과 아우가 서로 안고 우는
통한(痛恨)을 보라
금강산도 울고
동해도 따라 울었다

대대로
어떻게 이어온 혈맥인가
잘못된 분단의 역사도
혈연(血緣)의 단절엔
결코 닿을 수 없었음이여
그래서 우리가 복받치는 통분에
땅을 치며 절규하지 않았던가

다가올 그날
막힌 봇물이 터져
한줄기 강물로 유유히 흐르는
절강(絶江)을 이룰 때까지
물길 다듬어 고르고, 다시 만나자

세한도(歲寒圖)

북풍이 허허벌판을 쓸고 간다
논 밭 마당삼아
노송과 잣나무 심어놓고
그 사이에 등 기댄 고가(古家) 하나

옛날 솟을대문 앞에 모여들던
인적 다 어디가고
고달픈 유배 신세 못면한 추사의 외로운 거처

초라한 외양과는 달리
눈 덮힌 세한과는 달리
도도히 넘치는
경세(輕世)의 도정(道程)으로 서린
서기가 넘쳐 났거니

조정(朝廷)은 두 번이나 유배지를 바꾸어
완당을 버렸지만 탓없이
언 먹물에 뭇을 석셔 흑 백화 한폭 그렸거니
국보 180호, 그이름하여 세한도

제2부

수행(修行) 시편

기다림의 수행(修行)

겨울산은
참회로 선경을 넘어온
나무들의 수도원

걸친 허물 다 벗어 버리고
인동(忍冬)의 수행중이다

제자리에 서서
천리를 돌아오는
발자국 없이도
구도(求道)의 행보(行步)가 되는
나무들의 바람 수행

나는 지금
수도원의
한그루 나무다

범종(梵鐘) 소리

먼 산사에서
태어 난 소리꾼
산하와 구릉(丘陵)을 적시고
초목을 깨우는 장중의 가락

부처의 말씀으로
석존의 부름으로
안개 밀어 내며 흘러 간다

새벽
속세의 미현(迷眩)을
밝히는 아기 용(龍)의 노래

충만(充滿)은
미흡(未洽)을 떨치면
스스로 온다는 경문의 말씀
시선(詩仙)의 목소리로
새기며, 깨우며 들려 주는
은은한 음향(音響)

법정(法頂) 스님

– 무상보시

내가 누구라고
밝히지 아니 하시고
베푼 은덕의 열매가
바람부는 황지에서 싹터
나라의 나무로 자라
기둥이 되고 대들보가 되었습니다

시간 마저
공간 마저
버리고 가신다는 말씀
님은 가셨으나 가슴마다
새겨져 살아 있습니다

어둠에서 헤매는 만생(萬生) 곁으로
한번 더 왕생(往生)으로 오셔서
무소유의 참뜻
깨우쳐 주시 오소서

시가 흐르는 백담사

내설악의 계곡은
녹엽으로 하늘을 덮고
물소리만 녹엽 사이를 뚫고 지나간다

은둔(隱遁)을 자처하듯
깊은 산에 자리 편 산사는
정일의 깊이에 빠져 있다

수심교 건너, 금강문 지나
옷깃 여며 극락보전에
삼배 드리고 내려오니
설법으로 답하는 낭랑한 시선(詩仙)의
목소리가 들려온다

만해전을 돌아보고
나한전에 이르니 나한들 반기며
님의 향기에 우리도 취하는데
어떠냐고 묻는다

업인(業因)

숲에서 살던 늙은 다람쥐 한 마리가
먹이 물고 산들을 넘어갈 때
돌연히 들려오는 아낙들의 말소리에
물었던 도토리를 입에서 떨어 뜨렸다

떨어진 도토리 풀밭 속으로 굴러
싹이 트고, 튼 싹 해마다 자라
가지 휘어진 가을을 즐기는 성목(成木)이 되었다

메마른 인적 다가오기 전에
낙과(落果) 주워 가라고
손짓하는 도토리 나무의 연가(戀歌)

눈 내리는 삼동(三冬) 어김없이 온다고
비켜갈 수 없는 인과의 율(律)
벌써 펼쳐져, 너희들의 몫이 되었다고
그 옛날, 다람쥐 할아버지의 실수가
이렇듯 손자들의 겨우살이 먹이가 될 줄이야.

차(茶)와의 만남 · 1

씁쓸한 차향이
참선(參禪)을 부른다
스스로를 내다버린 경지에서
마음은 번뇌를 벗어나
참이 무엇인지를 추구하며
찾아가는 깨달음의 도정(道程)

화두(話頭)
끊임없이 닦아야 하기에
그윽함을 찾으며
찻물은 무명의 골짜기를
소리 없이 씻으며 흘러간다

무소유로
넓혀진 그 가슴에
다선일미(茶禪一味)의 만남
그들은 아스라이 지나가는
부처의 얼굴을 그린다

차(茶)와의 만남 · 2

밭 고랑이 진초록으로 물들 때
그들은 정중한 예(禮)를 갖추고
좌선(坐禪)으로 다가간다

수도자가 고뇌의 재를 넘어갈 때
겪어야 하는 그 아픔
덜어주는 벗이 되어주고

자아를 찾고
새로이 태어나는 환열(歡悅)
가까이 더 가까이 옮겨가면
돈오(頓悟)의 강물도 멀리서 볼 수 있으리라

한잔의 차
그 향기가 신비로운 조화를
꿈꾸게 할 때
선다일미(禪茶一味)에 젖은 그들은
벌써 먼 길을 걷고 있다

차(茶)와의 만남 · 3

하이타이보다
세척의 효능이 뛰어난
한잔의 차

타마시면
닦으며 헹구며
때묻은 마음을 빨아주는
락스가 된다

얼룩이 남겨둔
버큼으로 문질러 볼일

각(覺)의 뚜껑이 열리고
말간 다액에 비친
나를 보리라

님 계시는 백담사

울창한 숲 사이
물길, 벼랑길 헤치고 찾아온
험산 시오리 길

발길 멈춘 법당엔
본존불은 아니 계시고
만해스님이 침묵으로 맞으셨다

침묵은 스님의 법화경
침묵 속에 말씀이 있고
말씀 속에 진리가 있고
빛이 있고 삶이 있다는 걸
다정하게 전시하는 님

기리던 님은
길을 잃고 헤매는 양떼들
가엾이 여기던 님
그 님 앞에 서서
속진(俗塵)을 닦아 본다

송가(頌歌)
- 만해선사

님을 그리다 님이 되신
님의 침묵으로 당신이 님이심을 배웁니다
모진 바람 맞으며, 성불의 경계를 건너
시성(詩聖)이 산을 넘어
벼랑길 밟고 오신 열사(烈士)여

1944년 님은 가셨지만
법신불(法身佛)로 여기 오셨습니다
짓밟힌 영토에서
역풍에 구겨진 넋들을
바로 일으켜 구해야 하기에

보아도 보아도
청홍으로 반짝이는 역사의 샛별
하늘 어디에도 님보다 더 반짝이는 별은 없습니다

한 생애 다 바쳐
피운 구도의 꽃씨가
이 땅을 지키는 천년수로 자라고 있습니다

일출(日出)

동천(東天)이 열리며
떠오르는 황금란(黃金卵) 한알

산욕이 켰는지
바다는 피로 얼룩져 있다

얼룩진 파도 사이로
통통배 하나가
황금란을 인양(引揚)해
포구로 돌아 온다

한겹
한겹
벗겨져 나간 산 그늘

잠시 금박(金箔) 되는
나무 가지들

제3부

산향(山鄕)

산향(山鄕)

솔향기 그윽한
남도산협(南道山峽)
내 고향 복주(福州)골

당신의 소망은
양지에 뿌리하고
백년수(百年樹)로 자라
천년봉(千年峰) 이루라 하셨는데

해지는 서녘산에서
내 허름한 만종(晩鐘)의 소리
봄 바람에 실어
띄워 보냅니다 사모곡으로

둥지

스쳐가는 눈비야
가까이 오지 말고
치맛자락 여미며
못 본체 돌아가라
발자취에 아기 봉황 잠 깬다

아름드리 가지에
부리로 얽었지만
태풍의 심술도 비껴가는
숲속의 복음자리

포란(抱卵)의 온기 체온으로 건네며
움트는 모정, 늦봄에 날려 보낼
창공에 비상의 꿈 키워 줄때
뜨거운 환희가
어미의 가슴에서 모락모락
타오르고 있다

이사(移徙)

봉제산 기슭에 자리한
산거(山居) 30년
언제부턴가 산방(山房) 주변에
정으로 넘치는 호수가 생겨
봄 물결 이루며 담녹으로 흘러 주었다

인연도 다 하면 낙화이듯
헤어지지 말자던 그 사람 먼저 가고
나도 떠나는 산 마을

아쉬움 감추고, 부엽(浮葉)으로
낯선 경계 두루 거쳐버린
지난 여정(旅程)

이제는 기항지(寄港地)도 없는 낡은 배
단 한번의 아름다운 이주(移住)를 위해
남은 길섶에 산다화 심어
그 개화가 안아가는
동한(冬閑)을 즐기련다

두고 간 신발

미국에서
여섯 살 난 손자 준이의
전화가 왔다
"나 준이예요"
"할아버지 안녕하세요"
구름타고 바람타고
태평양을 건너 오는 말소리
그 또렷 또렷한 옥이 굴러가는 소리

내리 귀염이라고
손자들 가운데 제일 어린 녀석

지난 추석무렵 와서
한달 남짓 북새통 치더니
돌아갈 때, 놓고 간
녀석 신발 한 켤레
현관을 들고 날 때마다
보는 재미 아무도 몰라

슬픔

어린 수행자가 되어
깊은 산
용소(龍沼)에 앉아
내가 나를 버린다

웃음을 잊고
넘어온 미로(迷路)의 계곡에서
다시 굳히는 변신

눈물을 눈물로 지워
환히 밝히는 참회의 시계(視界)

젊은 구도자가 되어
적요한 새벽 강기슭에서
버려진 나를 내가 줍는다

* 용소(龍沼) : 폭포가 떨어지는 바로 밑에 있는 웅덩이. 용추.

문상(問喪)

길은
생노병사라 했지만
그러나 불멸(不滅)이라 하여
영혼의 향방을 정해 드리고
슬픔을 덜어 보는 희구(希求)는
다시 길상(吉祥)의 뜰이었습니다

체념의 들녘에서
길을 찾아 드리는 기도

있었음을 지워 버리시고
망각의 강을 건너
적멸(寂滅)로 드시는 길
너무 엄숙하고, 냉엄하고

끝내 그림자 마저 남기지 아니하고
뒤돌아 보시지도 말고
훨훨 어디로 가시옵니까

입원(入院)

아내가 무릎 수술로
H병원에 들어갈 때
나의 뜰에는 흙비가 내리고 있었다

시린 강바람 안고
매운 산정(山頂)을 넘어온
동반의 여로(旅路)에서
다 닳아버린 세월이 멈춰
보내온 적신호(赤信號)

잠시 쉬었다 가라는 조주(造主)의 계시(啓示)라
뒤늦은 깨달음에, 두손을 모은다

한시간이 넘은 후
수술실의 소식은 낭보(朗報)였다
파도에 어둠이 밀려간
내 새벽 바다
그 쾌청(快晴)한 일출을 맞으며
아내의 눈물을 닦아 주었다

인술(仁術)

- H병원에서

신은 나에게
예시(豫示)를 주저 하지 않았다

해 길이 아직 멀었으니
홀로 타고 가는
고물차의 이상(異常)
그 산역(山驛)에서
손보고 가야 한다고

무서운 통증
참아내기 괴롭지만
그래도 이승인걸
어찌 명도(冥途)에 비하리

삶
고리와 고리의 이음
손 잡고 고개를 넘겨준
당신의 고마운 손
그것은 생광(生光)의 예술(藝術)

검버섯

올 만큼 왔다는 이정표(里程標)련만
쓸쓸한 애물

청천이 내려오는
나의 호수에
흉상(凶相)으로 비치는 죽은 별들

진 초록 다 가고
담홍(淡紅)으로 점여가는 초원에
북녘산 바람에 실려 흙 비가 내린다

한 장의 낡은 점자(點字) 풀이로
살아온 세월을 돌이켜 본다
이룬 것이 무엇인가를

아직도 설익은 나이테에
홀연히 날아오는
향천(鄕天)길 승차권인 것을 모르고

여난(女難)

김 이장은
장날 황소를 팔아
뭉칫돈을 속주머니에 담고
강변 따라 집으로 돌아 가고 있었다

흐르는 강물은 홍수
길 동무 여인이 흘린 돈지갑이
거친 물결에 떠내려가고 있었다
이장은 잽싸게 옷을 벗고
물속으로 뛰어 들었따

돈지갑은 움켜 쥐었지만
깊은 수심에 허우적이다가
그만 멀리 이장도 떠내려갔다

이때 숲속에서 응시(凝視)하던 나그네가
날쎈 걸음으로 김 이장의 옷을 거두어
여인과 함께 자취를
감추어 버리고 말았다

불청객(不請客)

뒷산 뻐꾸기 울음으로 여름밤은 식어 가는데
모기들만 천혜(天惠)의 성찬이라고
잉잉 시위하듯 덤벼든다

한시절의 손님으로 때와 곳을 가리지 아니하고
우리 곁을 떠나지 않는 진드기들
어찌 그리도 많은가
재앙(災殃)은 악연의 그물
비틀거려도 가야하는 노정(路程)에
숨겨진 함정은 또 몇몇인가

세상 좋아졌다 하지만 힘겨운 이웃들의 한숨소리
아직도 왔다 가는 파도소리로 출렁이는데

오는 길 차갑게 틀어막고
명상에 들었는데, 어디서 다시 싹 터
일어서는 독초(毒草)들의 서걱임
석등(石燈)에 불 밝혀, 빛으로 눈을 씻고
그대 반기지 않으리

막걸리

외국으로 시집가는
탁주가 신선주가 되었다

건강주를 돛폭에 새기고
강적(強敵) 사깨와 와인을 상대로 승부를 겨루는
혼화무대의 격전지를 향한 진출이다

시큼한 맛도 지워 방향(芳香) 품어내며
"나보다 잘난놈 나와 보라"
당당히 출중(出衆)을 자부했다

우리의 귀동이
효자로의 등정(登程)은 값진 쾌거(快擧)요,
백용의 승천이다

허나
영원한 텃밭은 없다
추적의 눈, 따돌리고
앞서가는 길만이 길이라 했다

해 뜨는 동산에

– 복지관 설립 10주년에 부쳐

메마른 서녘 들에
청초로이 일어서는 상록의 수목원(樹木園)
두터운 나이테로 세월을 감아
해 뜨는 동산 울타리가 되고 있다

울타리 끼고 돌면
꿈을 세우고 역사가 보이는
청송길 산령(山嶺)에
당신의 행로를 좇아 족지(足指) 나란히 하면
그곳은 젊음으로 되돌아가는 낙토(樂土)의 동산

10년의 강변에 파랗게 쌓인 자취
그들은 조락(凋落)을 모르는 녹원의 물결

남은 여정(旅程)은
찬연한 미소로 축복 받으며
우리 새 아침을 맞으리

새물결로 흐르는 노인 종합복지관

여기는 사계절이 봄동산
가던 세월 길 멈춰
흰 머리칼 검게 스며가는 낙토(樂土)의 전당

석양빛 귀로(歸路)의 언덕에서
발 걸음 멈추고 스스로의 힘으로 일어나
새해의 삶이 시작되는 신식 도원경(桃源境)에의 길
가볍게 찾아 간다

남루(襤褸)로 이어진 연륜(年輪)
멀리 굽어보는 삼각산 자락에 벗어 걸어 놓고
새벽이슬 밟고 내려온다

유구로 굽이쳐 내리는
한강의 새물결로 이룬 꿈 다시 헹구고
휘 도는 물굽이 따라
새해의 아침 청정으로 흐른다

포장마차에서 · 1

가시 돋친 화살들이
백열등 불빛 과녁 삼아
낙엽처럼 쌓인다

거치른 파도에도
익숙한 사공들
한지(寒地)에서
헤어나지 못했던 계곡(溪谷)은
아무에게도 보이기 싫어

눈물 삼키며 걸어온
강줄기 산줄기의 노정(路程)들이 찍은
싸늘한 그림자를 술잔에 타 마시고
말큼히 잊어버리자

포장마차에서 · 2

굳이 궁전이나
선경(仙境)은 따져 무엇하랴
목로(木櫨) 앞에 앉아
술잔에 달빛 한조각 띄워
주고 받으면, 궁전이요, 선경인 것을

만월(滿月)이 뜬 술잔이면
나는 선인(仙人), 형은 군왕이요

허물 많은 세상사 탓 하여 무엇하랴
모두가 홀로 피었다가 지는
한조각 구름인 것을

우리
뜨거운 술잔으로
곰삭은 봄을 잉태하여
그가 태어날
아득한 둥지를 틀자

포장마차에서 · 3

찌그러진 음지(陰地)에서
탈출(脫出)을 꿈꾸는
술잔이 여기 있다

추위에 익숙했던 주머니도
끝내 냉방으로 굳어
괴로운 탄식이 되어 흐르고

언젠가는 분화처럼
하늘 높이 솟구치는 날 있을 거라고
부푼 꿈을 익히는
술잔이 여기 있다

갈대의 고향

- 순천

온 몸을 흔들며
물결로 다가오는 서걱임은
그들만의 그리움을 나누는 대화다

창공을 날며 추는 철새들의 명무(名舞)는
기쁨이 아닌 모두의 환유

내린 천은(天恩)에 이어지는 거룩한 탄생
녹색을 드러내는 순결은
낙토의 숨소리가 아니던가
드디어 반열에 어깨 나란히 선
군집(群集)의 질서

광활한 수초원의 사이 사이를 휘돌고 지나가는 물굽이
굽돌이치는 둔덕에서
"여기가 어디냐"고 물어봐도
날아가는 검은 머리 갈매기 떼들은
칭칭 나선형(螺旋形) 원만 그리고 간다

남도의 전원(田園)

– 순천

몰랐다
버려진 갯벌이
황금덩어리가 되어 돌아올 줄

지혜와 땅이 일궈낸
장도(壯圖)의 실현

여기는
국토 남단의 대 습지대
갈잎이 토해낸 공존의 사자후에
장엄한 도전은 시작되고
바다가 육지가 되고
생태의 낙원이 되어
푸르러 왔다

줄기찬 초록의 개선(凱旋)과 웅비가
온 산하에 메아리쳐
풍요를 부르며 앞선 물결로
유유히 흐르고 있다

내 귀한 손자들

보석보다
예쁜 귀동이들
많아도 멀리 떨어져 있으니

하긴 가까이 있어도
학업에 쫓겨
찾아오기 어렵고
찾아가기 어렵긴 매한가지다

간혹 한번쯤 오는 전화에
"할아버지 사랑해요"로
소식 주고 받지만
녀석들과의 놀이가
노경(老境)을 넘어가는 고독 푸는
처방으로는 으뜸인 명약인 것을

제주(祭酒)

정월 그믐에 뜨는 달은
울어머니 오시는길 밝히는 달

그날
만장 앞세우고
들길에 산길에 뿌리고 간 상여소리

꽃샘바람에 실려
산등을 휘감고 넘어갈 때
산까마귀 울어 울어
나도 울고 산천도 울고

삶이 윤회(輪廻)의 강물이라면
지금쯤 어느 하늘 아래 살고 계실까

이 한밤에
내 유년의 세월을 주재하신 어머님께
올리는 한잔의 제주

내 귀한 손녀 예원(叡原)이

수련보다 더 예쁜 녀석

여섯 살 난
할아버지의 늙은 주름 펴주는
재롱이

대구에서 오는 전화 끝에
한마디씩 띄우는
"할아버지 안녕하세요"
말소리는 꾀꼬리 음성

내 석양길에
반가움을 전해주는
막내 손녀의 안후(安候)
연꽃보다 더 귀한 녀석

내고향 동복

상장도 훈장도 없이
무위(無爲)로
돌아와버린 한객(閑客)

겸허로이 서 있는
무등과의 눈을 맞출 때
불현듯 스쳐가는 불민의 세월

그대는 비경(秘境)의 모후(母后)
절경의 소장자(所藏者)로
빛과 환호를 받으며 살아 왔는데

다정했던 이웃들 벌써 다 떠나고
산까치 한 마리가 감나무에 날아와
소야곡 한 소절을 흘려 놓고
어디론가 날아 가버린다

선산(先山)에서

가슴으로만 출렁이며
흘러 내리는 성덕(聖德)의 강물은
마를 날이 없습니다

울창한 수림(樹林) 사이를 돌아
먼길 찾아주는 솔바람 소리를 쪼으며
허기진 산까지 연화당(蓮花堂) 뜰에 내려와
잠든 님의 넋들을 깨우고 있습니다

그윽하고 유현한 음덕(蔭德)의 오솔길 저쪽
속연(俗緣) 다 비우시고 귀천(歸天)에 드셨지만
우리는 보내 드리지 않았습니다

참배 마치고 돌아서는
시야 가득 펼쳐지는 안산(案山)의 하늘 우러르며
숨쉬는 내일의 산수화를 마음에 그려 담고
1년에 한번 내딛는 발걸음 돌려
묘역(墓域)을 내려 갑니다

가족묘(家族墓苑) 앞에서

조상 대대로
이어온 혈통의 해맑은 음덕 기려
새롭게 합장 하고 큰 절 올립니다

긴 세월
이산 저산, 길지(吉地) 찾아
명당(明堂) 찾아
이산(離散)의 가솔처럼
흩어져 계셨던 선형 한자리에 모신
여기는 시연공파문중(時連公派門中)의
성역(聖域)

이어진 계하(階下)에 모두 오셨습니다
오셔서 시대의 흐름따라
온 혈족이 한곳에 모여
이승과 저승이 둘이 아님을 보여 주고

두터운 효심에
뜨거운 우애(友愛)로 하나가 되었습니다

불씨

깊은 산
덤불에 몸을 가린
맹수 한 마리

응시하는 눈빛은
밤 하늘에 초롱별

적막으로 숨을 고르며
때를 기다리는
내란(內亂)의 꿈

온갖것 다 태워
화신(火神)에게 범(犯)해가는 광란
그 내란의 음모가 내밀히 번득이고 있다

새벽

검정 보자기로 얼굴 가린체
산하(山河)를 떠돌다가
새벽녘 집으로 돌아와
검은 옷을 하나 하나 벗고
잠시 낭군의 품에 안긴다

만났다가 헤어져야 하는
음과 양, 명운(命運)의 질서 앞에서
머리 숙여야 하기에
그들의 사련(思戀)은
늘 아쉬움에 멈추고

문밖에 나온 낭군은
천지를 흔들고
산하를 깨우며 걸어나온다

녹색의 들녘에
새롭게 흘러야하는 강줄기
그 자리를 밝히려
단잠 뿌리치고 길을 나선다

해와 달의 교감(交感)

달이 차서 강물로 내려온 달빛
몸 섞어 또 다른 달밤을 이루고
누군가를 기다리는
뿌리 없는 염문(艶聞)이 꼬리를 풀어
물 위에 떠 흘러 갔다

수궁궁궐에서
달을 몰래 훔쳐 본 해가
달빛에 취한 취기를 이기지 못해
홀연히 다가와 달을 안았다

밀회(密會)는
밤으로만 허락되는 천규(天規)
짧은 만남이지만 잊을 수 없는
강안을 따라 걷는 산책길은 아름다웠으나

빛과 그림자로 서서
새벽을 밝히며 걷는 삶의
향방이 동과 서 라는 걸 알았다

만남이 곧 이별이요, 이별이 곧 만남이라는

해와 달의 교감 사이로
불이(不二)의 길이 열리고
거룩한 내일이 함께 열렸다

황사(黃砂) · 1

고향은 몽골의 사막
바람의 등에 업혀
동으로 동으로
하늘 만리 날다 보면
수려 산이 보이고 푸른 강이 있어
나래 접는다

천지가 흙빛 먼지로 회오리쳐
아수라를 이루었건만
원망도, 불평도 아우성도
서쪽 하늘 눈흘김도 없이
묵묵히 거리를 지나가는
이땅의 군자들

황사(黃砂) · 2

풀 뿌리 마저 뜯어 먹어치우는 양떼
대 군단의 무서운 식욕에
늘 푸르렀던 초원이 초토(焦土)가 되어 울고 있다

"캐니미어"의 지나친 장려가 초지의 황무를 부르고
황무는 사막을 불러
하루에도 구름과 산이 살아서 옮겨다니는 이변(異變)

갈기세운 바람 앞세우고 초청장도 없이 들이닥친
광포(狂暴)의 불청객
징기스칸의 후예(後裔)일까
흑풍의 아우성에 태양은 눈이 멀고
별들은 길을 잃은 채 한반도는 카오스가 됐다

조주(造主) 아닌 저주의 바람이여!
동천(東天)의 창공을 휩쓸고 지나가는 무법자의 그림자가
재앙을 발길질하며 지나간다

아름다운 착각

– 약초원의 오후

그날
누구와의 합석인지 나도 몰라
바보처럼 태연히 바라만 보았어

다시는 돌아오지 않을 듯
앞만 보고 가버린
그 하얀 샌들(SANdal)이 남긴 뒷모습
처음으로 느껴보는 미운 정 눈으로 보내며
연분홍 차광모(遮光帽)로 가린 얼굴 못지웠어

아파트 숲
녹색 길로 고즈넉이 사라진 그 사람
성급한 냉류(冷流)라 그 심기(心機) 풀 길이 없었다

토라진 사연은 나만 그와의 아는 내밀
내일이면 침묵을 지우고
다가올 초승달의 미소
그렇게 또 하나의 미덕은 성숙으로 가고

모경(暮景)

– 동문회

팔순봉(八旬峰)에서
서로 손 잡고 묻는다
청홍(靑紅)으로 흘러간
그 유수(流水)
다 어디 보내고 왔느냐고

무서리 바람에
백송(白松)이 되어 벗을 부르는가
남은 언덕길 10년이 허락되면
초록으로 다시 피어
은빛 연화(年華)를 이루자고

팔월선(八月仙)이면
못다 푼 정한(情恨)마저 풀고
소요정(逍遙亭)을 들러가는
춘풍으로 백년수 되어
동방의 선각(先覺)이 되자고 했다

수석(壽石)

귀 기울이면
파도 소리
파도에 묻혀오는
물새 울음 소리

높고 낮은 봉오리 마주하는
돌의 가슴에도 피가 돌아
그리움 나눌까

그리움 나누며
더운 사랑의 체온 건넬까

침묵으로 말하는 밀어
지나가던 철새가 물어간다

명품(名品)

시인이
넘어야 하는 가파른 준령(峻嶺)은
차가운 성찰로 자기를 죽이고
영혼과의 싸움에서
또 한번 이겨야 한다고 했다
정진(精進) 수행자가 낯설은 산하를
팍팍한 행보로 내딛듯
거친 비바람 맞으며 넘어 간다

착상(着想)에서 해산까지
이어지는 산고(産苦)의 산욕을 치르며
오성(悟性)으로 겪어야 하는 업고(業苦)
또한 시객(詩客)으로 가는 길이라 했다

날 샐녘 어둠의 차단기를 내리고
문 뒤에 있던 예쁜 동자(童子)가
해맑은 미소의 꽃웃음으로
걸음걸음 다가온다

조약돌

그 작은 가슴에
연모(戀慕)를 새기기 위하여
수평선 흔들며
넘어오는 파도 소리 들으면
나는 갯벌에서 두손 저으며
환호를 보냈다

한때는 그의 무례(無禮)를
무뢰한(無賴漢)의 불장난이라 했다
한 계절은 그의 난폭(亂暴)을
무법자의 난동이라 했다

부딪쳐 스미는 감미로움
손잡고 밀월(蜜月)의 용궁(龍宮)길을
돌아설 때, 후련히 풀리는 권태

그가 밀물로 돌아가고 나면
다부진 얼굴에 주옥빛 자국
그것은, 우리만 아는 신비의 인영(印影)

괴로운 절교(絶交) · 1

– 담배와의 싸움

한사코 감기는 마력(魔力) 벨트에서
벗어나려
깊은 정(情) 땅에 묻고
짙은 연(緣) 물에 띄우고
우러러 하늘에 고(告)한다

눈을 감고
이를 악물고
괴로운 너와의 결별(訣別)을
합장으로 대지에 고(告)한다

싸늘한 돌아섬이
어렵긴 하지만
결단(決斷)이 영글어 산 넘어가면
쓸쓸한 가을 길에 이르고
쓰린 도강(渡江)이 끝나면
단연(斷煙)의 수행은 벌써 반쯤 와 있어라

괴로운 절교(絶交) · 2

- 금연

뜰안에
들고 나는 빛과 그림자가
토해 놓은 밝음과 어둠

물결 위에서
내연(內緣)의 여인보다
더 가까웠던 너와의 인연
괴로운 일이지만 이제는 잊어야 하는
계절이란다

배신(背信)이라 해도
망덕(亡德)이라 해도
어쩔 수 없이 몌별(袂別)의 이 길을
택했느니라

가거라
뒤돌아 보지 말고 잘 가라

금연열차(禁煙列車)

담배를 피우지 않으면
누구나 승차할 수 있는 열차
차표는 처음부터 없다

궁전(宮殿) 같은 객실에는
음악이 있고 시(詩)가 있고
차창 밖엔 붓으론 그릴 수 없는
명화의 화폭이 걸려 있다고
여객전무의 안내 방송이 들려 온다

한사코 꼬리를 물고 놓아주지 않은
"니코틴"과 "타르"의 바람 세(勢)를 따 돌리기 위해
열차는 강변에서 해안으로
괴암 괴석의 산자락을 끼고
진경(珍景)의 그림속을 급행으로 지나간다
어디쯤일까, 가 닿은 간이역을 뒤로한 채
담배를 끊고 기다리는 승객을 위해
청렬한 기적으로 또 다른 강 기슭을 달려 가고 있다

여운(餘韻) · 1

그가 있어
세상사 더 미려(美麗) 한지도 모른다
소리 내어 정강(情江)으로 흐르는
물결인지도 모를 일이다

입봉한 함묵(緘默)으로도
묵시(默示)로 다리가 놓이는
이심전심(以心傳心)

숨겨진 심원(心園)의 계곡
끝까지 감춰 버리고
석별의 뒤안길로
스며 나가는 멋스런 뒷 모습

달이 지고
별이 져도
지워지지 않는 솔바람 소리는
산빛 그림자를 찾아 간다

여운(餘韻) · 2

떠나버린 발자국을
시인의 눈에는 보인다고
내밀이 보여 준다

잔을 권하며 곁들인
감로주(甘露酒)의 맛은
시객(詩客)만이 아는
정일품(正一品)
전유(專有)로 즐기는 술이라고

술기 번져 눈가에 달무리 서리면
물소리, 바람소리 따라나가
강심에 던져진
옥동자 하나 건져낸다

황순원 선생님

– 양평 문학관에서

님의 타계(他界)는
육신만 자연의 품으로 가셨을 뿐
영혼은 되돌아 오셨습니다

일제 강점기의
회유의 유혹도 강압도 물리치시고
조국의 새길을 밝혀 주셨습니다

1953년 작인 「소나기」 는
천진의 진령(眞嶺)을 보여준
불후의 명작

-- 눈 덮인 님의 들녘은
　　봄빛 보다 아름답고 --

우리 문학의 장도(壯途)를 보여주신
큰 별의 뜻 다시 새기며
영정을 앞에 하듯 한폭의 그림자 안고
산자락을 내려 옵니다

월드컵 · 1

축구공 하나가 핵 보다 뜨겁게
온 지구를 달궈 흔들고 있다

폭발하지 않고도
인류의 가슴에 작열하는
불꽃

물결 아닌
불꽃의 파도타기로
가슴에서 가슴으로 건네는
평화의 체온

지구촌의 눈은 지금
수천 수만 수억만개의
축구공이 되어
행복의 골대 그 문명을 가르며
골인 되고 있다

월드 컵·2

지축(地軸)을 흔드는 함성에
놀란 지구가 길을 멈추고
분화를 터트리며
동참(同參)을 이룬다

승자는 하늘을 안고
패자는 땅을 치지만
그것은 잠시의 희비일뿐
막(幕)이 내리면 모두가 인간 승리자

하나가 된
그 영광의 기치(旗幟)
창공에 창옥빛 물감을 풀어
유유히 흘려 보낸다

화합의 뜻으로
월계화는 준영웅(準英雄)에게 안겨주고
월계관 머리에 얹고 돌아오는
우리의 태극전사들을 보라

월드 컵 · 3

승자는 패자를 위로하고
패자는 승자를 축하하는
승자와 패자가 하나가 되는
지구촌

일찍이
어느 전쟁이 승패를
초월할 수 있었던가
초월해 모두가 승자가 될 수 있었던가
총과 칼
미사일과 핵으로는 이끌어 낼 수 없었던
자유와 평화

환호하고 열광하며
외쳐대는 승리
골인으로는 이룰 수 없었던
오직 평화의 그물망이면
건져 올릴 수 있는
지구촌의 영광
월드 컵

유럽 여정(餘情) · 1

– 탬즈강변에서

노래로만 들어본 탬즈강
강물 선율 삼아 벗하며 걷는다

옥스퍼드 평야를 비옥(肥沃)한 국토로
일궈 놓고,
런던의 혼을 깨워
대영제국을 일으킨 일등공신
근세 산업혁명의 주역(主役)답게
증기선 박동소리 맥박삼아
살아있는 혼으로 강을 흐르게 한다

강안 언덕엔 미려, 찬연한 국회의사당과
우람한 위용 자랑하며 서 있는 타워교

잠시 발길 멈춘 나그네가
연발하는 탄성이
누런 노을로 금박(金箔)된다

유럽 여정(餘情) · 2

– 파리의 에펠탑

프랑스 혁명 100주년을 기리기 위해
세워진 세계 최대의 철탑(鐵塔) 에펠탑

영욕의 역사가 일으킨 바람으로
행운을 기원하는 신조(神助)의 예술

센강의 물결에 씻기고 씻길수록
자유와 평화, 균등과 영광의 기운이
새로운 시대의 넋으로 되살아나는
탑 머리의 높이를 보라

멀고 험난했던 공화정으로 가는 길 끝에
지상 최초의 거센 민주봉화로 점화 됐던
혁명의 역사가 밝힌 횃불이
철탑의 높이에서 타고 있지 않는가

민족의 자존으로, 애국의 상징으로
프랑스의 표정으로 우뚝 서 있는
에펠탑

유럽 여정(餘情)·3

– 해뜨는 융프라우

나에게 귀엣말로 전해 준다
옛날, 상고시대에 유럽의 신선들이
살았던 마을이었다고
귀엣말로 속삭이는 절경 앞에
경악(驚愕)으로 서 있다

설경으로 서서 멀리 떨어져 있어도
봉우리들의 대화에는 그리움이 있어
따뜻한 마음이 된다

광활한 초원을 내려보는
"그린데발트" 호수에 내리는
영봉끼리 그림자 던져 가까운 거리로 사는 수관

스위스의 녹색 산야에
누렇게 금가루를 뿌리며 떠오르는 해가
설산 그림자를 말아가는, 초절경에 말려
마음까지 덕석말이 당한 넋 잃은 나그네 하나
신체로 돌이 되고 있다

유럽 여정(餘情) · 4

– 미켈란젤로

집을 두고 어찌하여
"바티칸"에서만 사느냐고 물었더니
말 대신 손을 들어 천장을 가르킨다

최후의 심판, 천지 창조
조각 "다비드"상 (루블 박물관)은
살아있는 "르네상스"의 꽃으로
피어있을 뿐 지는 계절이 없다

신의 아들로 태어나 인간 한계를 넘어 이룬 명작 중의 명작
하늘의 뜻을 헤아려 받들고
신풍(神風)을 일으키며 천국와 지옥의 문을 열어 보여
미지(未知)를 깨우치는 아담의 창조

암흑기의 중세를 38폭의 그림으로 펼쳐
빛으로 구원을 담아낸
영원으로 들어서는 길을 덮개로 덮어
길 위에 길이 있음을 말해주는 천하 절색의 천장 벽화
천지 창조의 조감도

지구의 탄성(歎聲)

끊임없이 늘어만 가는
60억 지상의 권속(眷屬)
어떻게 먹여 살릴 것인가

달들이여
별들이여
짐좀 덜어 주소

나를 보고
무변대, 무진장이라 했던가
그것은 무서운 오산(誤算)이었을 뿐
이렇듯 투명하게 바닥이 드러났는데

시간마다 불어나는 중압(重壓) 때문에
더 넘어갈 수 없는 고개길에서
허공을 향해 토해내는 탄성
들리는가, 들리는가

지구(地球)는 울고 있다

온난화(溫暖化)와는 달리
더운 여름과
추운 겨울로
지구촌의 사계절은
두계절로 둔갑했다

하절(夏節)엔 폭우
동절(冬節)엔 폭설
폭우 폭설을 뒤집어 쓴 지구촌은
목하(目下) 몸살을 앓으며
울고 있는 중이다

심심치 않게 입에서 입으로
건네는 말
종말이 허사만은 아닐 듯 싶은
현실감으로 다가온다

지구의 항변(抗辯)

통증(痛症) 더는 견딜 수 없어
해안선(海岸線) 줄이고 호수 하나씩 삼키며
태풍으로, 해일로 곱 씹었다

육지는 바다로
바다는 육지로, 먹고 토해
게워내기를 되풀이 하는 중복성

천지가 실낙원(失樂園)이다가
때로는 아수라(阿修羅)를 만들기도 하는
그럴때마다 죽음을 유희로 즐기는 현대의 우매(愚昧)를 본다

핵(核)은 두려워하면서 온난화는 강변의 불구경하듯 하는
누가 만든 덫에, 누가 걸려 드는지 모르고
죄 없는 동, 식물들 남은 생명들,
어디로 보내야 할까
설의에서 항변으로 둔갑한다

지금도 늦지 않은 치유
항변이 곧 치유인 것을

제4부

봄비 내리면

봄비 내리면

하늘나라 공주가
꽃신 신고
비단 잔디 밟으며
오시는 발걸음 소리

험산 넘어, 창해 건너
멀고 먼, 남국에서
은연히 돌아오는 새벽길

타는 갈증 목축이고
새 정기 되찾는 대지
삼동의 누더기
벗으며 부르는 화신(花信)

초록으로 미경을 깨우고
영롱(玲瓏)으로 찾아오시는
당신의 치맛자락 소리 듣는다

산다화(山茶花)

– 동백

남도의 한 계절
고도(孤島)의 섬 밝혀
등불로 켜던 정화(情火)

얼어버린 모정(慕情) 녹혀
먼 뱃길로 오거나
가 닿는 설화(雪花)녹혀
피를 돌게 하는 피꽃

눈으로 피우면
동백(冬柏)

가슴으로 피우면
다향(茶香)으로 피어나는
산다화(山茶花)

다임을 일컫는 용어다. 예시에서의 '자동지우개'는 휴대폰을 의미하는데 이 휴대폰은 단지 통신수단이라는 가치를 넘어 디지털카메라, 게임기, 정보교환기구 등의 다기능을 소유하고 있다. 그래서 이것은 첨단의 정보 놀이 애룩한 거룩하고 만능한 놀잇감이 되곤 한다.

'지나가'고 '닦고'를 반복, 필요할 때 수시로 저장하거나 수시로 지우개처럼 지워버리는, 삭제해버리는 첨단의 과학문명이 낳은 '디카폰'으로 보태어진 시인의 자유로운 상상력은 순수함의 상징인 '아이'를 동원하여 그 아이의 무한한 상상력과 자유에 힘입어 '하늘'을 경계 없이 드나들며 '베낌'고 '저장'한다. 지상에서 천상으로, 천상에서 지상으로 상상력을 확장하는 시인은 경계마저 지워버리는 것이다.

밤하늘이 대낮보다 밝습니다
별에 새끼를 낳는지
2, 4, 6으로 식구들을 늘려갑니다

아이들은 나뭇가지 끝에 올라가
하늘에다 사닥다리를 놓았습니다
별들이 잘 놀라도록 위에다 자꾸자꾸 싸라기를 뿌립니다
아이들은 팔을 쳐들고 높이높이 흔들어봅니다
별은 아이들 손가락 사이로 잘도 미끄러져 갑니다
아이들은 디카폰에다 찰칵찰칵 저장하기 바쁩니다

문득 아이들은 사닥다리를 버리고
땅 끝을 향해 달려갑니다
별을 타고 어린왕자가 내려올까 봐
힘을 다해 땅 끝으로 달리기 합니다
밤새도록 달리기 하는 아이들 손에서
달랑달랑 요령소리가 납니다
아이들 디카폰엔 몇 꼭지의 어린왕자가
활짝, 웃고 있습니다.

— 「가을밤과 어린 왕자들」 전

설중매(雪中梅)

오솔오솔 떠는
오한의 한속기
가지들이 맞기엔
아직 봄은 저만치 있다

입김으로
호호 불어 쌓인
잠을 몰아내긴엔
꽃들은 여직 새벽인데

사련(思戀)이 [illegible]
켠 것일까
가지에 걸린 촉수 낮은
백등(白燈) 하나

해마다 [illegible]
순애(純愛)의 꽃나무 가지에
설화로는 피울 수 없는
살아있는 꿈임을 펼치는
설중매(雪中梅)

김지향, 시집 『길을 신고 길이 간다』

예시에서 보듯 시 속에 등장하는 '아이들'이 어떤 계획을 세워 풍경을 카폰에 담기보다는 문득, 우연히, 돌발적으로 '흔들어보'고, '달려가' '웃고 있'는 것처럼 시인의 시적 상상도 우연적, 돌발적이라 할 수 있 이는 시인의 창작의 개념이 건축이 지반부터 고르고 난 뒤 기둥부터 이어진다는 고정관념을 깨고 지붕부터 시작할 수도 있다는 다소 엉뚱하서도 기발한 양상을 띠고 있다는 말이다. 이 기발함으로 인하여 시인 내는 시적 '길'은 한 갈래에서 여러 갈래로 곁가지를 치며 마구 뻗어가는 것이다. 다음의 예시처럼.

밤새 길이 혼자 길을 걷는다
길을 신고 가던 발을 내려놓은 밤엔
불빛만 태우고 길이 혼자 걷는다
한참 걷다보면 옆구리에서 자꾸 빠져나가는
길이 또 길을 신고 혼자 걷는다

길이 길을 이고 걷는다
길 위의 길로 또 길이 혼자 걷는다
깊은 밤엔 어둠만 태우고
하늘을 신고 길이 걷는다

머리 위엔 어둠을 걷어내는 빛이
꽃 덤불을 이룬 봉화들이
길이 되고 있는
하늘 밖의 길 밖으로 흐르는
길이 혼자 끝도 없이 걷는다

—「불면증」 전문

다른 시들은 물론 예시 「불면증」에서의 '길이 혼자 길을 걷는다', '신', '이고', '어둠만 태우고', '하늘을 신고' 등 불면의 밤의 무한한 상상 시청하고 경청하면서 문득 상상과 환상의 관계내지는 경계에 대해 주하지 않을 수 없다.

산 철쭉

만개(滿開)는
서성대는 봄 끝자락보다
느긋한 초여름의 앞자락을 택했다

조무래기들 다 보내고
산등을 뒤덮는 진홍의 군락(群落)은
우리만의 봉토(封土)

미풍이 홍겹게 산을 흔든다
물소리, 새소리 다칠새라
조심스런 손길로
신 들린 푸나무들 암벽을 두들기며
"초하의 문을 열라" 이르고

황홀한 산맥 앞에서
봄과 여름의 경계를 넘나드는
산새들 지저귐과
꽃잎을 담은 한편의 연시(戀詩)를
먼 그대에게 띄운다

복지(福祉)에 업혀 가는 봄빛

눈발에 길 잃은 산객(山客)들
머물러야 할 산장을 찾아간다

여기는 황혼도 비껴 가는 전당(殿堂)
노인은 한 사람도 없다
홍안(紅顔)으로 불혹(不惑)으로
되 넘어온 젊음들

낙조(落照)를 잊어버린 태양이
조락(凋落)을 모르는 초목들을 향해
서산이 어디쯤이냐고 묻는다

무위(無爲)로 세월을 놓아 버릴 수 없어
가슴에 달았던 녹슬은 훈장일랑 떼어버리고
고통받는 나무 위에 새 봉황 날아드니
봄빛과 함께 새 장이 열리고 있다

남풍(南風) · 1

잔설(殘雪)을 피해 밟으며
북산(北山)의 양지녘을 골라딛는
봄 나그네의 행보

어찌 귀기울였나
발자국 소리에 잠을 깬
춘매(春梅)

얼마나 기다렸던가
춘객(春客)의 신비로운 행차를

시샘도 성냄도 없이
화평을 그려 안겨준 한폭의 춘경(春景)
들여다보면 거기 숲속을 흐르는
모정(慕情)의 강이
남풍에 맡긴 허리를 트는 것을

남풍(南風) · 2

먼 적도의 땅에서 떠난
대양을 건너고도 젖지 않는
온풍의 행렬

포용은 하늘이 가르치고
도량은 바다에서 배워
만유(萬有) 앞에 베푼 은혜가 된
관음풍(觀音風)

동안거 삼동은 북풍에 자리 비워 주고
춘삼월 수행을 마친 도력으로 밀어 낸
훈풍은 그렇게
한 대(寒帶)를 풀며 불어왔다

남풍(南風) · 3

끝을 모르는 한파에
굶주린 북촌
그 황량한 들녘을 향해
춘풍이 넘어간다

혈맥의 정
아낌없이 베푸는데
북령(北嶺)은 순수를 모르는 걸까
여직 순수가 싹트지 못한 걸까?

거룩한 우애의 배려
혈육의 나눔의 뜻에
돌아오는 화답은
쓸쓸한 동천(冬天)의 냉담

넘겨주는 훈풍의 애모에
굳은 가슴 풀어 버리고
웃으며 맞아주는 합장 이루어질 날
언제쯤일까

4월의 연풍(戀風)

아침 8시에 울린 이른 전화 벨소리는
그의 목소리였다
"오늘 인사동 K주점에서 만나요"

황급히 가본 주점은 텅 비어있고
한 장의 메모지가 기다림처럼 꽂혀 있었다
"관악산 연주암에서 기다립니다"

서둘러 산을 타고 연주암에 오르니
합장으로 맞아주던 산승의 말씀인즉
지금쯤 수락산이나 소요산에 있을거라고
귀띔이듯 알려줬다

철쭉이 아직 봉우리도 드러내지 않았는데
기다린다던 그 사람 이렇게 떠날 수 있을까
아름다운 현혹인 줄 알면서 그래도 만나야 한다고
등산화 끈을 다시 잡아 매고 나는 설악으로 건너가는
연풍으로 내딛는 바람기의 행보(行步)

5월

누굴 위한 작품이기에
한치의 허술함도
한점의 연약함도 보이기 싫어
다듬고 다듬은 성장(盛裝)인가

싱그러운 녹엽의 풍운(風韻)
누구에게 띄우는 구애(求愛)인가

천지에 청초로움 풍성히 뿌려
개선(凱旋)의 영토를 만들어 놓고
젊음으로 건너가는 행렬이여
풍운(風雲)이여

새 임자에게 안겨주는 미려(美麗)
다 넘겨 주고 나면
한줌의 그 염원은 어버이 가슴

안개

용궁이 답답해서
궁 밖으로 나오는 용녀
행여 정체를 드러낼까봐
안개로 연막을 치고
강가를 거닌다

땅에 발이라도 닿아
흙 묻힐까봐
운유(雲遊)로 내딛는 발걸음

아침이 밝으면
돌아가야 하는 새벽 산책
안개로 왔다
안개로 돌아가는
용녀의 나들이

며칠째 비 걱정은
안해도 될 것 같다

여름 바다

7월이 되면 창해(滄海)의 손놀림은 분망하다
물을 향해 편지를 띄워야 하기에

고집과 오만으로 가득 찬 육지
독존(獨尊)에 묶여 스스로 쫓기는 괴로움
그냥 보고만 있을 수 없어 격랑으로 두들겨 부수는
애락(愛樂)의 세레나데
하루에도 두 번 화려성장으로 찾아오건만
님은 늘 돌아선 돌부처

단심(丹心)의 뜻 날로 새로 태어나
펼치는 광희(狂姬)들의 색무(色舞)에도
입신명창(入神名唱)의 기막힌 가락에도
매혹을 모르는 백치(白痴)
차마 미망이 될 수 없어
염천 하늘 아래 부끄러움도 없이
노도(怒濤)가 소리 높이 부른다
둔자가 둔계(鈍界)로 가는 대지를 향해

새벽바다 · 1

하늘은
먼 동방의 끝자락에서
또 한번
대 영웅을 건져 올리고 있다

천만대군을 이끌고
돌아오는 장도(壯途)
천하무적의 열광은
산하를 찌르는 선홍의 깃발

당당한 혁명이기에
한치의 착오도
한점의 오류도 없이
어둠에 무수히 날아오는 뜨거운 화살

홍보석의 파도를 보여주며
밤새워 달려온
내 발목을 잡는다

새벽바다 · 2

동틀녘
일제히 화살이 날아온다

명중한 바위는 금이 되고
나무는 황금목(黃金木)이 된다

내 가슴에도 명중한다
명중한 가슴에선
피 대신
살에 꽂힌 비둘기 떼가
일시에 비상한다

일진의 파도가
새벽의 개벽을 끌고
포구로 개선한다

이슬

수미산(須彌山)
청담수(淸潭水)
별들의 물놀이로 밤새워 넘쳐 흘렀다

물보라에 천지의 풀잎들
타는 목축이고 맞는 동트기

눈물로 만난 한밤의 향연도
새벽을 넘어가며
허허로이 헤어져야 하는
짧은 멸도(滅道)의 경계

덧없는 개화(開花)에
함께 끌려가며 감기는 또 하나의 나이테를

장마엔 길 잊어버리고
차라리 가뭄에만 큰 손 되어
담록풍(淡綠風)을 일으켜야 할
대평원에 꽃비가 되리라

풀잎

노송(老松) 그늘에서
가지 사이로
햇살 훔쳐보며 사시(斜視)로 자랐다

목마른 밤이면
하늘 우러러
달빛 기도로 맺힌 이슬로 목 축였다

4월 어느날
안개비에 젖은 무거운 가슴에
초로(草露)라는 이름을 달아 주며
물보석으로 가슴에 담았다

물방울은
이합(離合)의 소용돌이
우리 여린 대로
담긴 녹향(綠香) 품어 내며
짙푸른 5월의 무성 이루자고
서로를 안았다

두견이

머나 먼 서남국 천축(天竺)에서
어김 없이 찾아주던 계절은
6월 어느 날에야
봉제산 기슭에서 왔다는 소식 띄우는 녀석

전생의 비련(悲戀)
못 다 풀고 시인 넋으로 내려와
여름 풍운(風韻)을 즐기는 너

님
어디 갔기에 한밤을 호소(呼訴)로
태우는 연가(戀歌)인가

가녀린 선율(旋律)
함께 젖어 취하는 모정(慕情)
속으로 새롭게 찾아드는
추회(追懷)의 그 언덕길

염천(炎天)
– 무너지는 환경

천제(天帝)의 긴 노여움은
여름이면 폭염으로
겨울이면 혹한으로
극(極)에서 극을 달리고 있다

누가 만든 병고이고
누가 치유할 것인가
자업 자득인 재앙
응보를 모르는채 지나갈 뿐
날로 달로 다가오는 멸종의 공포

지친 걸음 멈춘 지구가
잊어버린 궤도(軌道)의 기로에서
어디로 가야 하느냐고
지나가는 구름에게 묻는다

나도 모르고, 바람도 모른다며
가해자를 가리키듯
손저으며 자취를 감춘다

달맞이꽃

구름 안고 달 가까이
가지 말거라
하늘을 가리면
나는 어쩌라고

푸른 달빛 뒤집어 쓰고
하얀 미소로 피는 달은
타오르는 붉은 정절(貞節)인데

다정한 연인들 어깨 나란히
호반의 산책길
미운(美韻)으로 화사히 피운 두 마음
띄워 보내자 함인데

모두가 잠들어
정적(靜寂)을 다듬는 다듬잇소리 줄이며
호올로 옥피리를 불어야 하나

가을에게

멀고 먼 등천(登天) 길
그 넓은 벌판을
청담(淸談)으로 도색을 마치고
넌지시 굽어 보는 하늘

들녘은 완숙으로
여무는 백과(白果)의 환성
황금 물결로 굽이치는
성상(聖像) 앞에서
머리 숙여 드리는 묵배(默拜)

--신도 모르는 은총으로
　여기 왔노라고

장하고 거룩한 성숙의 미덕은
성스런 땀과 조화의 손
우리, 이 섭리의 언덕에서
길을 물어 따르리
그대의 황국(黃菊) 한뿌리
가슴에 옮겨 심고

만추(晩秋)

까치야 산까치야
조화주(造化主) 잠에서 깨면
한천군(寒天軍)이 총을 메고 온단다

서역산장(西域山莊)의 혼야(婚夜)를 밝힌
신방의 병풍은 아직도 불타오르고
혼전(婚典)은 끝나지 않았다

깊어가는 꿈동산에
청옥빛 하늘 더 짙어질 때까지
꿈 쪼아 깨우지 말고 잠들게 하자

설산(雪山)을 향해
입동으로 가는 먼 산정에서
넘보는 눈보라
그냥 스쳐만 간다고 하지만

까지야 산까치야
낮은 노래라면 자장가가 아니더냐

산국(山菊)

북촌(北村)
산 언덕에서
누군가를 기다리는
조선조 여인들

풀 향기로 살아온 그들이
가을을 들고 서서
휘도는 산길목을 지켜
옹기종기 서 있다

치켜든 가을의 피켓엔
돈버짐같은 산국이 찍혀 있고
찍힌 산국들의 표정으로
산 여인네들

만추도 가고
첫눈 스치는데
작년에 온 편지 꼭 쥐고
돌아온다고 다짐하며
꽃이 되어 서 있다

황국(黃菊)

고풍한
고택(古宅)의 분위기에 알맞게
피어있는 한 그루 황국

새댁적
달빛 세월 보내고
또 보내면

저기 종가의 며느리로
다시 태어날 수 있을까

새 물결
울 밖으로 밀어내던
손부

그래도 머리만은
올올이 파마로 볶았구나

추석달

산하를 밝혀 놓고
창 열고 들어오는 정인(情人)

태양의 열애(熱愛)도 외면하고
동산 숲에서 잡은 손도
뿌리치고 왔다

초가을 밤에 찾아와
베푸는 자비(慈悲)이건만
눈물의 실개천이 말라
찬연히 흐르는 산업의 물결을
비추어야 할 차례

온후한 모정의 강에
여의주(如意珠)의 불빛을 뿌리며
지나가는 하늘 나그네

겨울 화분

거실 한켠에
귀여운 낭자와 동자가
모여 앉아 그들만의
마을을 이루고 있다

정원에 내린 설경(雪景)
먼 설산을 보며
귀엣말로 나누는
정일품(正一品) 밀어는
정분의 선문답(禪問答)

침묵을 안고
동안거(冬安居)에 들어간
스님의 모습 흉내 내다
닮아버린 선동(仙童)들

가슴에
한폭의 산수화 그려 놓고
함께 가야할 봄볕을
기다리고 있다

눈 내리는 밤

밤새
풀어내고 또 풀어내더니
저리 희디 흰 살결을
자랑하고 싶어서였을까

순백의 대리석이나
순백의 석고로는 다듬어 낼 수 없는
전라(全裸)의 순수

순수의 전라 속에도
피가 돌고 있을까
피가 돌아 묻어날 수 있을까

전라의 설무(雪舞)가 벌이는
백설의 향연(饗宴)

눈이 내리는 밤이면 · 2

비행기보다
더 빠른 역마의 고삐를 풀어준다
희미한 추상(追想)의 언덕을 향하는
준마의 등을 다독이며

불빛 없어도 밝은 이 넓은 벌판에서
다 닳아버린 정회(情懷)가
시경(詩境)을 넘어가며
돌이켜 느껴보는 설레임
한줌의 사념(思念) 순수로 씻어
안겨주는 그의 착한 손길

저 매혹의 설무(雪舞)
지상 어디에 저런 미희(美姬)의
물결이 또 있을까

수줍은 밤과 함께
다시 초대받은 한 계절의 향연(饗宴)이여

북풍(北風)

"넌 누구냐"고 물으면
"마르크스"와 "레닌"이 보낸
그들의 손자들이라고 말하겠지

유물사관(唯物史觀)
혁명적 사회주의를 조부의 말씀으로
받들어 무엇을 얻었던가
그 황폐한 벌판, 말라 비틀어진 풀잎들의 빈곤 말고

붉은 열풍이면 온갖 이념의 산정
다 뛰어 넘을 줄 알았던가

질곡의 험난한 귀로이지만 지금도 늦지 않았거니
시베리아 백곰의 탈을 벗고
다시 태어나 원초(原初)의 혈맥을 찾아
바른 길로 돌아올 고국의 길 왜 주저하는가
두물 머리 하나로 흐르듯
외줄기 백두대간의 협곡에서
유구로 흘러내린 강물이어야 하지 않겠는가

설야(雪夜)

산야는 지금
어둠 아닌
백설이 점령중이다

어둠 속에서는
꿀 수도, 건져낼 수도 없는 꿈을
점령의 포위망에 갇혀
부화(孵化) 해본다

먼 들녘 끝 강변을 거닐며
새벽 밀어내고
아침 맞으면, 부화(孵化)한
황금란(黃金卵) 빛으로 터지리

나목(裸木)

가지마다
성난 바람의 회초리가 된다

말 떼들도 아니고
그렇다고
호랑이나 사자떼들은
더욱 아닌, 채찍질

동장군의 진격일까
동장군의 퇴각일까

쉬임 없이 휘두르는
회초리질에 쫓겨가야 개선(凱旋)이 되는

겨울은 어디쯤 물러가고
봄은 어디쯤 와 있는 것일까

제5부

시집평설

역사의식을 비롯한 네 시역 돋보여

박 진 환
(문학평론가 · 문학박사)

Ⅰ. 前提

역사적 사실을 소재로 하여 쓴 서사시를 일컬어 史詩라고 한다. 이에 빗대어 보면 역사적 의식을 발상으로 해서 씌어진 시는 역사의식의 시, 역사적 시각으로 씌어진 시는 역사적 감각시 쯤으로 명명되지 않을까 싶어진다.

역사란 일반적으로 과거에 일어난 일이나 기록을 의미한다. 더 구체화하면 인류가 과거에 행하여 온 기록, 곧 인류사로서 우리 자신들의 이야기이기도 하다. 그래서 역사는 왜곡할 수도 윤색이나 생략할 수도 없는, 있었던 사실 그대로를 기록한 서술이게 된다.

이에 비해 시는 있었던 사실의 기록이 아니라 있을 수 있는 사실의 기록이란 점에서 사실의 서술과는 다른 擬

似陳述이 되게 된다. 이러한 사실은 일찍이 플라톤과 알리스토텔레스의 견해로 이미 알려진바 있다.

이를 단 한마디로 집약한 것이 "시인만이 거짓말 할 특권을 가지고 있다"는 F. 자양가아의 말이다. 이 말은 여러 경로로 풀이 될 수 있는데 첫째는 사실보다 새로운 사실을 말할 수 있는 말, 둘째 사실로써는 말할 수 없는 것을 말하는 말, 셋째 사실에서는 체험할 수 없는 감동을 체험하게 하는 말로 풀이 될 수 있는 것이 그것이다. 그리고 이를 다른 경로로 돌려보면 시는 논리가 끝나는 곳에서 시작되는 언어이거나 논리를 초월한 언어쯤으로 풀이하게 된다. 그리고 이러한 거짓말을 레토릭 측면에서 풀이하면 왜곡·날조·은폐·위장이 될 수도 있고, 동떨어진 것을 결합함으로써 성립되는 상반의 균형으로서의 언어도, 또 사실을 보다 새로운 사실로 개조해 낸 변용이나 낯설게 쓰기쯤이 되기도 한다.

이러한 거짓말로써 가능한 언어의 용법에 의해 시가 탄생한다는 점에서 보면 사실만을 기록할 수 있는 역사와는 전혀 경우를 달리하게 되는데 이는 역사적 사실마저도 거짓말로 꾸며낼 수 있다는 뜻과 통한다.

일찍이 사뮈엘 존슨은 시의 본질은 발견이라고 전제하면서 예기치 않은 것을 산출함으로써 경이와 환희 같은 것을 발견하는 것이라고 토로한 바 있다.

이를 달리 풀이하면 역사 속에서도 새로운 역사는 발견될 수 있다는 뜻이 되고 그럼으로써 경이와 환희를 체험하게 한다는 뜻이 되기도 한다.

달리 말하면 비록 사실일지라도 사실보다 새로운 사실, 사실로써는 드러낼 수 없는 것을 드러내는 또 다른 사실, 그럼으로써 사실에서는 맛보지 못했던 감동을 체험하게 함으로써 경이와 환희에 값하는 그런 사실의 발견일 수 있는 거짓말을 빌어 가능하다는 뜻과도 통하게 된다.

이러한 전제는 역사의식을 발상과 역사적 시각의 포착으로, 역사적 소재를 즐겨 대상으로 형상화 한 한 시인의 시를 조명하기 위한 서두를 마련하기 위한 것이다.

박성채 시인의 시집 『새 물결로 흐르는 한강』은 역사의 순례기로 불리우리만큼 역사의 과거와 현재를 넘나들며 역사적 사실을 새로운 사실로 탄생시킨 시로 발견한 역사라고 할 수 있다. 그것은 시인이 역사의식을 발상으로, 역사적 시각을 동원, 역사 자체를 거짓말을 할 수 있는 시의 특권으로 재구성, 미적 사실로 재조명해 보여주고 있기 때문이다.

4부에 나누어 1백여편의 시를 수록하고 있는 박성채 시인의 시집 『새 물결로 흐르는 한강』은 뭐니뭐니 해도 그 중심자리에 제1부의 「역사의 현장을 찾아서」 시편들을 진열해야 할 것으로 본다. 그것은 제2부 정신적 행려인 불교적 수행시편에도 불구하고 보다 큰 비중으로 시적 위상을 설정할 수 있는 것이 제1부의 시편들이기 때문이다

여기에 제3부의 「山鄕」 시편과 제4부의 「四季韻」 까지

를 배려하면 시집『새 물결로 흐르는 한강』은 네 詩域으로 나누어 볼 수 있다. 그리고 이를 집약하면 박성채 시인의 시는 첫째 「역사시편」, 둘째 「수행시편」, 셋째 「고향시편」, 넷째「자연시편」이 될 수 있게 되는데 이를 중심으로 시를 제시, 구체화 해보기로 한다.

2. 역사시편

제 1부 詩域인 역사시편은 역사의식, 역사적 시각, 역사적 현장순례로 발견되고, 포착되고, 직접 체험된 '조국', '역사', '국토', '역사적 인물', '산하'등을 대상으로 하여 형상화하고 있다. 먼저 시부터 예시해 본다.

가) 님 보다 더한 스승은 없다

무명이 낳은 어리석음
다 끌어 안아 허공에 띄우고
조상으로부터 유구로 이어온 성업(聖業)
거울이 되어 보여주는 믿음의 표상
사랑의 대 요람이거니

우리 5천의 파고를 타고
넘어온 항해의 역사는
피어린 난파의 수난기(受難記)

은둔에서 격동으로 치닫던

태풍속의 태풍을 슬기로이 헤치며
가르며 건너온 겨레가 아니던가

대장을 여는 역사의 축성(築城)이 끝나고
기치 나부끼던 날
신(神)도 멀찍이 서서
놀라는 말씀은

님보다 더한 예술은 없다고

나) 던진 백마의 미끼를
용(龍)은 물지 않았다

당장(唐將) 소정방(蘇定方)은
백제의 옹성 사비성을 함락 했으나
백제인의 넋은 건져 가지 못했다

망국의 회한(悔恨)
천년 세월이 행구어 가도
씻어내지 못한 악전(惡戰)의 형해(形骸)
달빛만이 한 곡조의
피리 소리를 풀어 강물에 띄우고 있었다

그 소리에 몸섞은
한밤의 벽강(碧江)은
회고(懷古)에 몸부림치며
소리 없는 흐느낌으로 흘렀다

다) 파도에 갇힌
고도(孤島)가 아닌
바다를 다스리는 영주(領主)
독도는 섬이 아니다

날마다 밀려오는
민족혼 파도삼아 앞세우고
국토를 지키는
영해(領海)의 전초기지(前哨基地)
사령부

섬것들 혈통 탓인지
섬만 보면 침흘리는 왜구(倭寇)

독도는 조국의 이름으로
왜구를 지키는
영해(領海)의 전초기지다

예시 가)는 「조국(祖國)·1」, 나)는 「백마강·1」, 다)는 「독도(獨島)·1」의 각각 전문이다. 예시 말고도 1부에 수록된 시 「역사의 강면에서」, 「한류」, 「백두대간의 탄식」, 「북한산」, 「역사의 강변에서」, 「다산(茶山)」, 「이충무공의 상」 등에서 볼 수 있는 조국의 山河, 인물, 역사의 현장등이 환기시키는 조국을 통한 역사의식과 역사를 직시하는 역사적 시각을 가능하게 해주고 있다. 그리고 이는 시인의 시적 발상이 조국의 역사의식을 근저로 하여 역사를 보는 시각으로 역사의 현장들을 재단해

다 재구성 해주고 있음을 말해주는 것이 되는데, 달리 지적하면 역사적 실제나 사실들을 사실보다 새로운 사실로 창출해 냄으로써 역사의 몫을 시의 몫으로 이동시켜 주었다는 뜻이 된다.

예시 가)에서의 시행 '조상으로부터 유구로 이어온 성업(聖業)'이나, '우리 5천의 파고', '피어린 난파의 수난기', '헤치며 / 가르며 건너온 겨레'등이 말해주는 수난의 역사에도 성업을 중단됨이 없이 이어온 靑史를 제시함으로써 역사의식을 발상으로 일궈낸 조국애를 읽게 해주고 있다.

예시 나)에서는 백제의 망국한을 노래하고 있는데 시행 '백제의 옹성 사비성을 함락 했으나 / 백제인의 넋은 건져가지 못했다'에서 백제의 정신을 통한 불굴의 민족정신을 읽게 해주고 있다. 그러면서 '망국의 회한'과 '회고의 몸부림치며 / 소리없는 흐느낌'으로 흐르는 백마강을 통해 역사의 현장에서 체험한 감회를 옛에 의탁해 형상으로 빚어내고 있다.

예시 다)는 독도를 '바다를 다스리는 영주', '영해의 전초기지'로 조국을 지키는 지킴이로 형상화 함으로써 국토수호의 강렬한 의지와 함께 자국령이라고 주장하는 일본에 대한 경고를 잊지 않고 있는데 예시들이 보여준 조국의식, 국토의식, 산하를 통한 애국의식이 표현은 달라도 다같이 역사의식에 뿌리하고 있음을 말해주고 있다. 그리고 이러한 역사의식을 발상으로 씌어진 일련의 시는 박성채 시인의 시정신의 근저가 무엇이란 것을 말해주고 있는데 이것이 제 1 詩域이다.

3. 수행시편

두 번째 詩域을 설정하고 있는 것이 정신적 구도에서 발상한 「수행시편」이다. 수행시편에는 10여편의 시가 수록되어 있는데 예외없이 수행정진에서 발상된 불교적 禪味를 맛보게 해주고 있다. 조국・역사의식과 함께 시인의 정신지향을 읽게 해주고 있다. 시를 제시해 본다.

가) 겨울산은
참회로 선경을 넘어온
나무들의 수도원

걸친 허물 다 벗어 버리고
인동(忍冬)의 수행중이다

제자리에 서서
천리를 돌아오는
발자국 없이도
구도(求道)의 행보(行步)가 되는
나무들의 바람 수행

나는 지금
수도원의
한그루 나무다

나) 먼 산사에서
태어난 소리꾼
산하와 구릉(丘陵)을 적시고
초목을 깨우는 장중의 가락

부처의 말씀으로
석존의 부름으로
안개 밀어내며 흘러간다

새벽
속세의 미현(迷眩)을
밝히는 아기 용(龍)의 노래

충만(充滿)은
미흡(未洽)을 떨치면
스스로 온다는 경문의 말씀
시선(詩仙)의 목소리로
새기며, 깨우며 들려주는
은은한 음향(音響)

다) 밭 고랑이 진초록으로 물들 때
그들은 정중한 예(禮)를 갖추고
좌선(坐禪)으로 다가간다

수도자가
고뇌의 재를 넘어갈 때
겪어야 하는 그 아픔
덜어주는 벗이 되어주고

자아를 찾고
새로이 태어나는 환열(歡悅)
가까이 더 가까이 옮겨가면
돈오(頓悟)의 강물도
멀리서 볼 수 있으리라

한잔의 차
그 향기가 신비로운 조화를
꿈꾸게 할 때
선다일미(禪茶一味)에 젖은 그들은
벌써 먼 길을 걷고 있다.

예시 가)는 「기다림의 수행(修行)」, 나)는 「범종소리」, 다)는 「차(茶)와의 만남·2」의 각각 전문이다. 예시 말고도 「수행시편」의 시들은 정신적 후각이나 미각만이 맡고 맛볼 수 있는 '禪味'를 맡고 맛보게 해주고 있는데 이는 시인의 불교적 정신 경도를 보여준 것이라 할 수 있을 것 같다.

예시 가)에서는 참선수행중인 화자를 '수도원의 / 한그루 나무'로 변용해 화자의 정신지향을 말해주고 있는데 '참회', '선경', '수행중', '구도의 행보', '수도원'등의 시어들이 환기시키는 참선의 禪味를 맛보게 해주고 있다.

예시 나)는 범종소리를 '먼 산에서 / 태어난 소리꾼', '초목을 깨우는 장중의 가락', '부처님의 말씀, 석존의 부름', '아기 용의 노래', '시선의 목소리'로 변용, '새기며, 깨우며 들려주는 / 은은한 음향'으로 형상화하고 있는데 이 또한 예시 가)의 禪味와 맥락을 잇대이고 있다고 할 수 있다.

예시 다)도 예외는 아니다. 차 한잔을 음미하면서 '선다일미(禪茶一味)에' 젖고 있는데 이는 단순한 미각적 해석이 아닌 坐禪으로만이 다가갈 수 있는 '먼길'을 열어가는 구도에 잇대어 있어 시인의 정신적 지양이 지향하는 佛道의 길을 가늠하게 해주고 있다.

이상에서 볼 수 있듯이 제2시역의 시편들은 제1부의 역사의식과 함께 시인의 종교의식을 말해주고 있다는 점에서 시로 말해주는 內面의 肉聲으로 보아 줄수 있게 한다.

4. 고향시편

이러한 내면의 육성으로서의 시는 제3시역에서 外向의 육성으로 이동됨을 보여주고 있다. 시인의 정신세계가 아닌 시인의 현실세계를 노래하고 있다는 뜻인데 주로 고향과 삶의 주변적 현실 공간들을 대상으로 형상화 하고 있다.

고향은 태어난 안태 고향으로서의 고향을, 삶의 주변적 현실공간은 화자 자신의 삶과 혈통의식의 가족사적 삶을 주 대상으로 하고 있다. 시를 제시했을 때 이해를 도울 것으로 본다.

가) 솔향기 그윽한
　　남도산협(南道山峽)
　　내고향 복주(福州)골

당신의 소망은
양지에 뿌리하고
백년수(百年樹)로 자라
천년봉(千年峰) 이루라 하셨는데

해지는 서녘산에서
내 허름한 만종(晩鐘)의 소리
봄 바람에 실어
띄워 보냅니다 사모곡으로

나) 굳이 궁전이나
선경(仙境)은 따져 무엇하랴
목로(木爐) 앞에 앉아
술잔에 달빛 한조각 띄워
주고 받으면, 궁전이요, 선경인 것을

만월(滿月)이 뜬 술잔이면
나는 선인(仙人), 형은 군왕이요

허물 많은 세상사
탓 하여 무엇하랴
모두가 홀로 피었다가 지는
한조각 구름인 것을

우리
뜨거운 술잔으로
곰삭은 봄을 잉태하여
그가 태어날
아득한 둥지를 틀자

다) 보석보다
　　예쁜 귀동이들
　　많아도 멀리 떨어져 있으니

　　하긴 가까이 있어도
　　학업에 쫓겨
　　찾아 오기 어렵고
　　찾아가기 어렵긴 매한가지다

　　간혹 한번쯤 오는 전화에
　　"할아버지 사랑해요"로
　　소식 주고 받지만
　　녀석들과의 놀이가
　　노경(老境)을 넘어가는 고독 푸는
　　처방으로는 으뜸인 명약인 것을

예시 가)는「산향(山鄕)」, 나)는「포장마차에서 · 2」, 다)는「내 귀한 손자들」의 각각 전문이다. 화자의 고향 '복주(福州)골'을 노래하고 있는데 사향이 환기시키는 모정과 모정에 보답하지 못한 노경의 시인의 심회가 부르는 사모곡에 오버랩 돼 엘리지의 메아리로 감기고 있다. 어머니가 기대하신 '천년봉'을 이루지 못하고 '내 허름한 만종소리'에 귀기울이게 하는 노시인의 심회가 잘 드러나 있다.

예시 나)는 목로주점에 들러 한사발 막걸리에 수심을 타마시며 부르는 안분지족가다. '술산에 날빛 한소삭 띄워 / 주고 받으면 궁전이요, 선경인것을'이나, '만월이 뜬 술잔이면 / 나는 선인'이란 시행들이 이를 잘 말해주고 있다.

예시 다)는 가까이에 멀리에 살면서도 자주 만날 수 없어 "할아버지 사랑해요"란 전화로만 안부를 전해오는 손자들의 목소리가 고독한 노경을 달래고 치유해주는 처방전이자, '명약'이라는, 혈통의식을 통한 화자의 심회를 읽게 해준다.

이 외에도 고향, 가족, 탐석으로 소장한 수석, 조약돌 등 많은 시편들이 제3시역을 장식하고 있는데 시인의 삶의 공간으로서의 고향과 가족과 삶의 여유랄까, 안분지족을 읽을 수 있게 해주고 있다.

5. 자연 시편

제 4시역은 「四季韻」이 암시하듯이 계절을 통한 자연 시편들로 장식되고 있다. 봄에서 겨울까지의 계절의 순환 질서를 通時的으로 질서화, 韻으로 조명해내고 있는데 시편을 제시했을 때 이해에 도움이 될 것으로 본다.

가) 남도의 한계절
　　고도(孤島)의 섬 밝혀
　　등불로 켜던 정화(情火)

　　얼어버린 모정(慕情)녹혀
　　먼 뱃길로 오거나

가 닿는 설화(雪花)녹혀
피를 돌게 하는 피꽃

눈으로 피우면
동백(冬柏)

가슴으로 피우면
다향(茶香)으로 피어나는
산다화(山茶花)

나) 고풍한
고택(古宅)의 분위기에 알맞게
피어있는 한 그루 황국

새댁적
달빛 세월 보내고
또 보내면

저기 종가의 며느리로
다시 태어 날 수 있을까

새 물결
울 밖으로 밀어내던
손부

그래도 머리만은
올올이 파마로 볶았구나

다) 가지마다
성난 바람의 회초리가 된다

말 떼들도 아니고
그렇다고
호랑이나 사자떼들은
더욱 아닌, 채찍질

동장군의 진격일까
동장군의 퇴각일까

쉬임 없이 휘두르는
회초리질에 쫓겨가는 개선(凱旋)

겨울은 어디쯤 물러가고
봄은 어디쯤 와 있는 것일까

예시 가)는 「선다화」, 나)는 「황국」, 다)는 「나목」의 각각 전문이다. 여름을 제외한 각 계절을 꽃과 나목을 빌어 형상화 하고 있다.

예시 가)는 남도의 동백을 '고도의 섬 밝히는 등불', '설화(雪花)녹혀 / 피를 돌게 하는 피꽃', '눈으로 피우면 / 동백', '가슴으로 피우면 / 다향으로 피어나는 산다화(山茶花)'라고 여러 동백의 이칭을 붙여 변용해내고 있는데 해체와 결합의 내면적 힘으로 작용하는 상상력을 개입시켜 형상으로 빚어내는 솜씨가 돋보인다.

예시 나)에서의 황국은 '종가의 며느리'와 '그래도 머리만은 / 올올이 파마로 볶았구나'로 전통적 여인과 현대적 여인으로 양극화, 국화의 묘미를 살려내고 있는데 전자의 내면성과 후자의 외양성을 대립시키면서도 국화의 특성을 잘 드러내 주고 있어 컨시트에 값하고 있다.

예시 다)는 바람에 흔들리는 앙상한 나목의 가지를 회초리로 변용, '말떼', ' 호랑이떼', '사자떼'도 아닌 '동장군'을 퇴각하게 하는 회초리질로 반전시킴으로써 봄의 개선을 암시하는 변용의 솜씨가 돋보인다.

이상의 지적들은 외양을 다루는 변용 솜씨가 사실의 것들을 사실 이상의 사실로 개조해 냄으로써 언술에 값하고 있다는 뜻이 된다.

6. 결어

장황한 설명으로 박성채 시인의 시집 『새 물결로 흐르는 한강』을 언급해본 셈이다. 이를 집약하면 박성채 시인의 시역은 네 詩域으로 나누어 볼 수 있고, 제 1시역은 역사 내지 조국의식을, 제2시역은 불교적 禪味를, 제3시역은 고향 내지 시인 자신의 삶을, 제 4시역은 자연을 노래한 사계의 韻이란 의미를 각각 곁들일 수 있을 것으로 본다. 그리고 네 시역을 장식한 시편들이 획득한 설득력을 이번 시집이 거둔 성과로 제시할 수 있을 것으로 본다.

•

박성채 시인은 전남전남 화순 출신으로 성균관대 법정대를 졸업했으며, 김경린 선생의 추천으로 등단, 한국문협회원, 한국펜회원, 운현시문학회 회원으로 활동하고 있다. 저서에 『솔바람에 그대 이름을 실어』와 『바다는 물결로 말한다』외 다수가 있다.

•

조선문학시인선 290

새 물결로 흐르는 한강

2011년 4월 20일 인쇄
2011년 4월 25일 발행

지은이 / 박성채
발행인 / 박진환
펴낸곳 / 조선문학사
등록번호 / 1-2733
주소 · 110-092 서울 서대문구 홍제2동 25-1
대표전화 / 730-2255
팩스 / 723-9373
ISBN 978-89-93614-55-8

정가 8,000원